uiの刺繍ワッペン

wappen

中林うい

文化出版局

自分のしるしをデザインしてみる。文字、意味、季節、形。
ぐるりと自分をながめて、小さなしるしを作ってみる。
自分にしかわからなくてもいいし、誰もがうなずくものでもいい。
お母さんが子供のために作る特別なしるし。あの人を想い描いて作るしるし。
しるしができたら、小さな刺繍のワッペンにしてみよう。
いつも着ている紺色のカーディガンの胸もとにつけてみる。
おいしいお菓子をくれたお友達に贈るお礼のハンカチーフにつけてみる。
生まれてくるわが子のスタイにつけてみる。
ペンで名前を書かなくても、これは自分のものだよと伝えるしるしのワッペン。
自分だけの一枚が作れるように、たくさんのモチーフでワッペンを作りました。
あなただけの、そして誰かのための、素敵なしるしができますように。

contents

Lucky

あなたの幸せをほんの少しお手伝い。 → p.49

Red ribbon

赤いリボン。子供や家
畜の牛などにつけると
魔除けになる。

Dove

白鳩。平和、純粋、愛
の象徴。

Horseshoe

馬の蹄鉄。扉にUの字
の向きでとめておくと
魔除けになる。

Swallow

つばめ。巣を作る家に
幸運を運ぶ。家庭円満。

Hare
野うさぎ。懐妊成就。
多産、良縁に恵まれる。

Ladybug
てんとう虫。聖母マリ
アに仕える虫。成功、
財産、幸運を運ぶ。

Four-leaf clover
四つ葉のクローバー。
愛、希望、信仰、幸運
を表わす。

Pig
豚。人間関係の調和。
優しさと愛情を与える。
富をもたらす。

Spring

満ちあふれる新しい生命。 → p.50

Summer

どこまでも青く広い海。 ⟶ p.51

Autumn

深まりゆくセピア色の情景。 ➞ p.52

Winter

白の静寂に包まれて。 ━━ p.53

Bird

色とりどりの鳥たち。 → p.54

Insect

あなたが蟻になったとしたら。 → p.55

Rose

やわらかな香りに満たされる。→ p.61

First name

自分の名前をワッペンに。 → p.56

（上から時計回りに）花ちゃん、大くん、雪ちゃん、一馬くん、光くん、桃ちゃん　（中央）健一くん

Last name

名字いろいろ、わかるかな？ → p.57

（上段）佐藤さん　（2段目左から）田中さん、後藤さん、星野さん、赤星さん、森さん、松井さん、斎藤さん、青木さん

24

Trademark

これが私です、ということ。 → p.58

Fruit

キラキラまぶしい、粒々あまい。 ➝ p.60

Bread

フワフワサクサク、あ〜幸せ。 ➡ p.62

Daily

いつものこと、これが大事。 → p.63

Stationery

どれも優秀な働きもの。 → p.64

Sport

走って跳んで、体を動かす楽しさいっぱい。 ━━━ p.66

Camp

緑に包まれる心地よさ。 → p.68

Vacation

いつもの空の色と違うよね。 → p.70

Circus

夢のようなひととき。 ─→ p.72

ワッペンの作り方

1. 布に図案を写し、
裏に接着芯をはります。

*図案の写し方は、日中、窓ガラスに図案をテープではりつけ、その上に布をあてて、日に透かし、0.3mmの水性ペンで筆圧をかけすぎないようにして、うっすらなぞって写します。
*接着芯は普通地用を図案より一回り大きいサイズに切って、布の裏にアイロンではります。

2. 布に刺繍枠をはめて、
刺繍をします。

*布を刺繍枠にはめたら、布全体の張りが均一になるように張ります。刺している途中でゆるんできたら、その都度、均一になるように張ります。刺し終わったら、はずします。

3. 布の裏に
接着シートをはります。

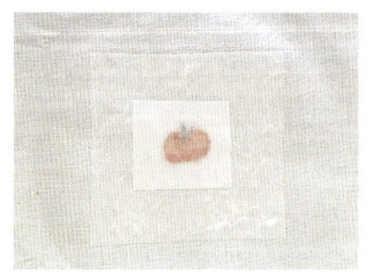

*あて布をしてアイロンをかけたあと、布の裏から刺繍部分より一回り大きく切った接着シートをあて、アイロンで接着します。

4. 刺繍部分を
はさみで切り取ります。

*刺繍部分を切らないように、周囲ぎりぎりを切り離します（接着シートの剝離紙はそのままつけておく）。

5. ワッペンを縫いつけます。

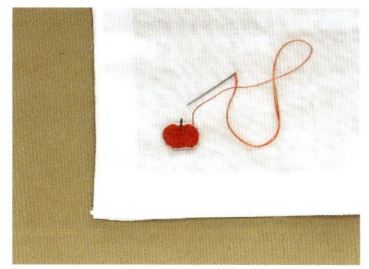

*ワッペンの裏の接着シートの剝離紙をはがし、つけたいものの上にのせてアイロンで接着します。そのあとに、周囲をワッペンの刺繍と同系色の糸で、縦まつりで縫いつけます。接着シートだけでははがれることもあるので、縫いつけたほうが安心です。
*アイロン接着できないものにつけるときは、手芸用ボンドでつけてもOK。

刺繍の方法 − 動物の場合

動物を刺繍するときには、毛並みをきれいに表現することが大切です。水性ペンで
おおまかな毛の流れをかき入れてから、刺繍を始めるといいでしょう。

＊刺繍の方法については p.45 〜 47 も参照してください。

1.

布に図案を写します。

2.

裏に接着芯をはったあと、水性ペンで
おおまかに毛並みをかき、刺繍枠をは
めて刺し始めます。

a. 毛並みは頭の先から足の先に向かって、流れ
るようにかきます。
b. 図案の輪郭をランニング・ステッチで刺し
ます。
c. 毛並みを描いた部分 (a) をストレート・ステ
ッチで刺します。

3.

すきまをロングアンドショート・ステ
ッチで埋めていきます。

4.

たてがみ、しっぽ、目などのパーツを
サテン・ステッチやフレンチナッツ・
ステッチで刺してでき上り。

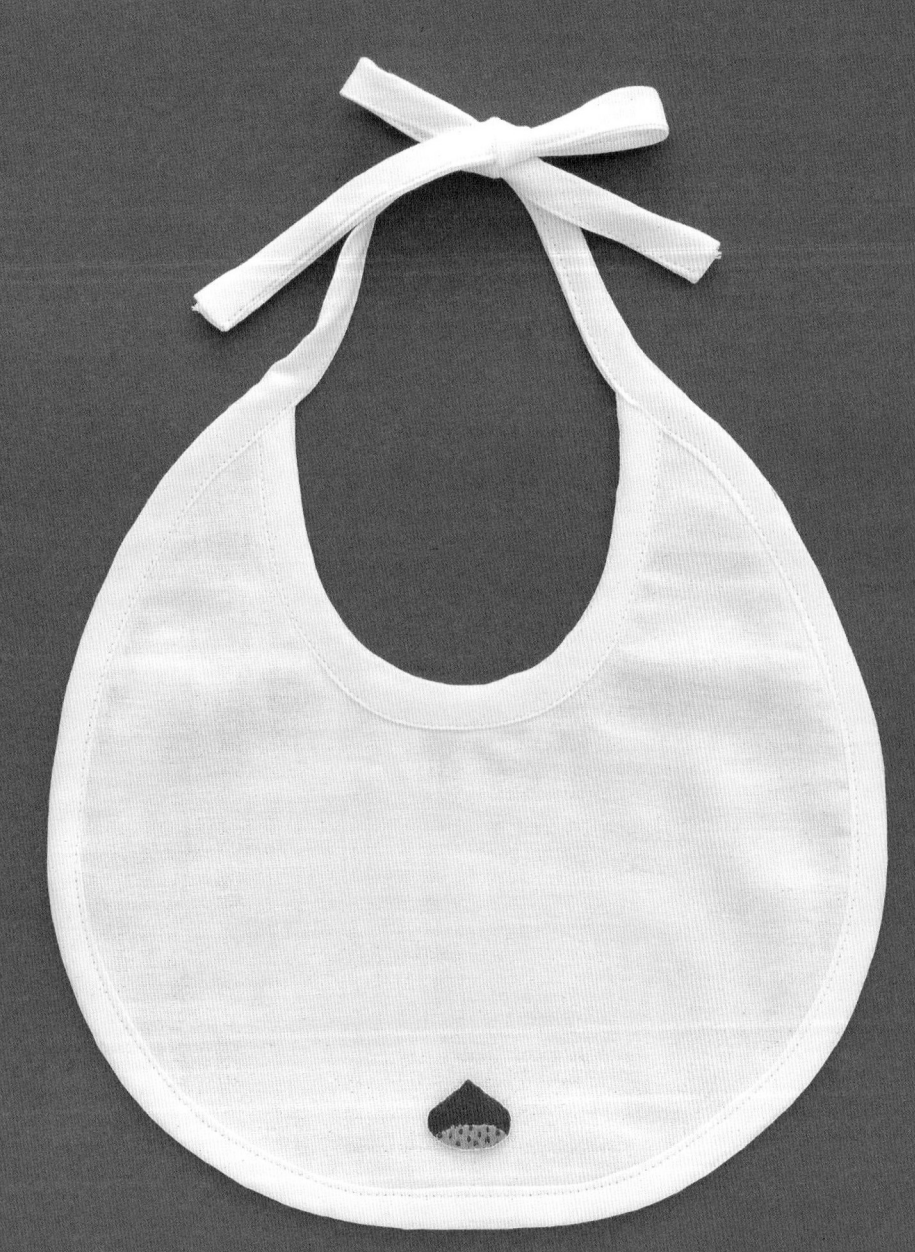

デザインという視点から自分の名前とじっくり向き合ったのは、学生時代のタイポグラフィの授業が最初でした。「うい」という名前はアルファベットで書いても「ui」という具合に、字数も音も形もいたってシンプル。このときほど、この名前をつけてくれた両親に感謝したことはないかも。そんな自分の名前がデザインしやすくて、とても気に入っています。

またあるとき、皇族の方々は誕生して命名されるのと併せて、身の回りの品々につける徽章（きしょう）を植物などから選ばれる、ということを知りました。

そういったことが頭の片隅に残っていて、もしも自分に子供ができて名前をつけるときは、その子のしるしを作ってあげたいと思っていました。姓名判断なんかはそっちのけで、姓とのバランスや意味合いなどを重んじながらも、名前がマークとして記号・デザイン化しやすいことが、名づけの大事なポイントでした。

そして、秋生れの彼に「栗之介」（くりのすけ）と名づけました。アルファベット表記では長すぎてデザインしづらいことこのうえなしですが、とにかく「栗」のモチーフを彼のしるしとして使えることが素敵だな、と思って。

彼に届いたお祝いの品へのお礼のハガキは、栗の絵が描いてあるものにしたり、内祝いの品は栗菓子や栗の木のお椀など、ついつい栗のデザインを集めてしまいます。また、この名前のおかげで、栗の形の箸置きや巨大な栗まんじゅうを逆に頂いたりもしました。

育児が始まってからは、あまりの大変さに何かを作ってあげることが、ままならなくなってしまいました。でも栗のマークを身の回りのものにつけてあげたいと思い、子供が寝ている隙に、シンプルな既製品に刺繍で施したり、アップリケにしたり。

そんなときに感じたのが、ちょっとしたやりづらさ。つけたいものが刺繍には適さない布地だったり、縫製されている服などは刺繍をきれいに仕上げるのが難しいのです。

そこで思いついたのが、ワッペン！ これだったら好きなところに簡単に貼れます。そんなわけで、子供のために初めてワッペン作りに挑戦することにしたのです。だって栗のワッペン売ってないんですもの。

作り始めたらいろいろ発見です。サイズが小さいからすぐに刺し終わるし、なんといっても物音を立てずに作業できるのは、子育て中の私にはとても嬉しかった！ ワッペンをつけたいものが見つかれば、色や形などそれに合うようにデザインしたり、逆にこんなワッペンが欲しいな～とじっくり素敵な一枚を作って、それに合うものが出てくるまでストックしておいたりと楽しみ方は広がります。

自分のしるしをデザインしてワッペンに仕立てて、身の回りのものにつけてみるのはどうでしょう？ お気に入りの服に穴があいてしまったら、ワッペンでその穴をふさいでみる、という使い方もいいと思います。もちろん大切な人への贈り物にさりげなくワッペンをプラスしてさしあげるのも素敵だと思います。

いつか、彼が親の意図に反して栗のしるしが嫌いになってしまうかもしれません。でも、栗のしるしが役に立つ日がくるかもしれません。そう信じて、せっせとさりげなくつけてみようと思う母なのでした。

How to make

基本テクニック　　　p.44〜47
作品の図案　　　　　p.48〜73
＊ワッペンの作り方、刺繍の方法(動物の場合)については p.40、41 をご覧ください。

基本テクニック

◎刺繍のポイント

1.　刺繍を始める前に

刺繍する前に必ず、図案の輪郭をランニング・ステッチ(刺し方は p.46 参照)で刺しておきます。こうすることで、布のゆがみを防ぎ、刺繍部分の補強になるほか、切り離したときの布のほつれ防止にもなります。
輪郭のランニング・ステッチで使う糸は、中の刺繍部分と同じ色を使いますが、色数が多く細かく分かれている場合などは、面積がいちばん広い部分と同じ色、または淡い色を選び、できるだけ目立たないようにします。

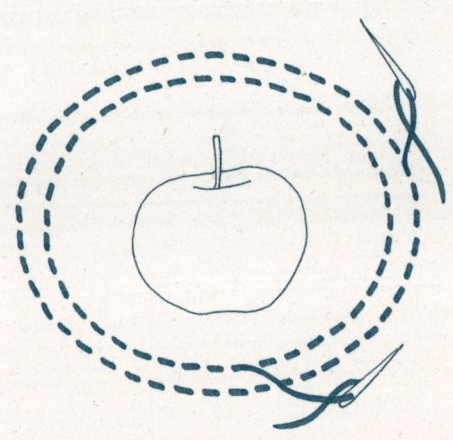

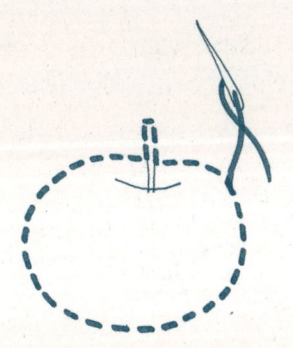

＊外枠のあるタイプのワッペン(p.50 のはくもくれんや、p.60 の Fruit など)は、図のように2重にランニング・ステッチをしてから、ボタンホール・ステッチを刺します。

＊図案を刺すときは、このランニング・ステッチの上から(ランニング・ステッチが見えないように)刺します。

44

2. 刺繍の刺始めと刺終りについて

刺始めは糸端を布裏に3cmくらい残しておき（最初は抜けやすいので注意）、刺し終わってからその残した糸を、表にひびかないように布の裏側の糸目にくぐらせて始末します。刺終りも同様に、布の裏側の糸目にくぐらせて始末します。ワッペンの場合は最後に布の裏に接着シートをはるので、糸端の始末が少しゆるくても大丈夫です。

3. 布の裏の糸の渡し方について

布の裏の図案と図案の間の余白部分に糸が渡らないように気をつけて刺します。そうしないと、刺繍部分を最後に切り離すときに、布の裏の糸が切れてしまいます。

例）
1枚めの花びらを刺し終わって、次の花びらへ移るときに余白部分に糸が渡らないように、刺す順番を工夫するか、図案の刺繍部分の糸の下に目立たないように糸をくぐらせるなどして、一度戻ってから刺し始めるといいでしょう。

＊外枠のあるワッペンの場合は、中の図案のまわりを切り離すことはないので、どのような糸の渡し方でも問題ありません。

4. ロングアンドショート・ステッチ とサテン・ステッチ
（刺し方はp.46参照）

ロングアンドショート・ステッチは立体的な表現ができ、グラデーションも効果的にあらわすことができるので、動物の毛並み、植物や食べ物などをリアルに仕上げることができます。逆に動物でも無機質な感じに仕上げたいときは、サテン・ステッチを使うと、マットで均一な表現をすることができます。また、物や記号などの無機質なものを立体的に仕上げたいときは、サテン・ステッチのかわりにロングアンドショート・ステッチを使うと効果的です。

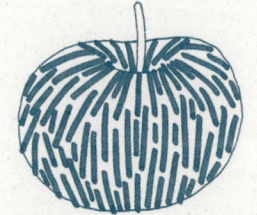 

ロングアンドショート・ステッチ　　　サテン・ステッチ

＊立体的なものをサテン・ステッチで刺す場合は、鉛筆画をかくときのように、糸の方向をかえながら立体に見えるように心がけます。たとえば立方体は正面は糸目を縦方向に、側面は斜め方向、上面は横方向というように刺していきます。
また、サテン・ステッチは同じ色の糸でも刺す方向が違うと光のあたり方が変わって色が変化して見えるので、それを上手に利用すると、同色で色分けの効果を出すことができます。

5. 糸目について

刺繍の糸目が少々乱れていても、刺繍したあと、あて布をしてアイロンをかけると、わりと目立たなくなります。あまり気にせずに、図案を一針ずつしっかりと埋めていくことを心がけましょう。

◎この本で使用するステッチ

ストレート・ステッチ

 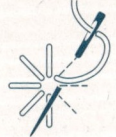

針足の長さや針の出し方で、
いろいろな刺し方ができる

ランニング・ステッチ

2入 1出   3出 2 1

バック・ステッチ

  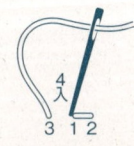 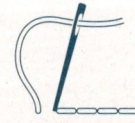

1 2
出入   3
　 出 1 2   3 1 2   4
　 入

アウトライン・ステッチ

3 2
出 入
1   5出
出   4入

重なりの少ないアウトライン・ステッチ

重なりの多いアウトライン・ステッチ

サテン・ステッチ

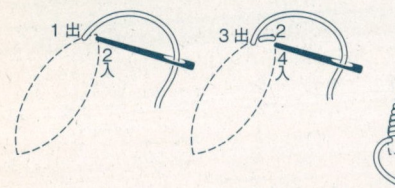 

1出   3出 2
　2   　 4
　入   　 入

レゼーデージー・ステッチ

3出   4入
1　2
出　入

ロングアンドショート・ステッチ

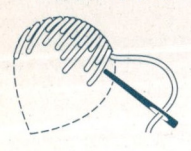 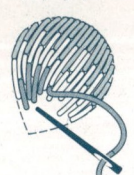  

図案の外側から刺し始め、長い針足と短い針足を繰り返す。
あまり規則的にせず、長さを不統一に刺す

内側が長く、
外側が短いもの

フレンチナッツ・ステッチ

  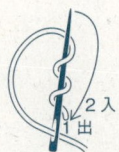 

1から出し、針に糸を巻き、
布目1、2本おいた2に入れる。
裏側に針を抜いて糸を引く

1回巻き

針に糸を2回巻き、
1回巻きと同様にとめる

2回巻き

＊この本では主に2回巻きを使ってい
ますが、動物の小さな目などは1回巻
き、ポップコーンなどの大きな玉のと
きは3回巻きなど、図案のボリューム
に合わせて刺してください。

ブリオン・ステッチ

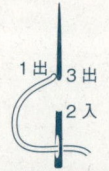 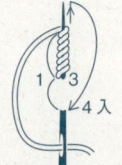

1から出し、ステッチの長さ
だけ戻り、2に入れ、3に針
を出す

針先にステッチの長さより少し長めに
糸を巻きつけ、再び2と同じ位置の
4に入れ、糸を引き締める

コーチング・ステッチ

糸を1本出し、別糸で等間隔にとめていく

ボタンホール・ステッチ

  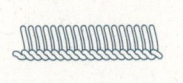

間隔をつめて刺していく

アーミン・ステッチ

 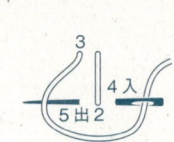 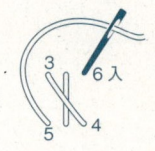

縦に刺したストレート・ステッチにストレート・ステッチ2本を斜めに交差させる

ペキニーズ・ステッチ

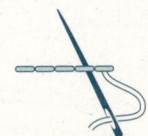 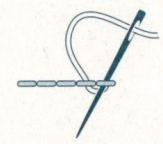  

別糸をバック・ステッチの
目の下から出し、次の目の
糸だけすくう

前の目の糸だけ上からすくう

先の目の糸だけ下からすくう

＊この本では、たんぽぽやりす
の尾などに使用、糸にたるみを
もたせて、くるくると立体的な
質感に仕上げています。

作品の図案

＊図案のアルファベットと作り方の文章を照らし合わせて見てください。

＊作り方は以下のように記載しています。
　図案の位置―ステッチの種類／色番号（色名・部位）／糸の本数
　例）a―サテンS（サテン・ステッチ）／854（ピンク・花びら）、702（黄・花心のベース）／②（2本どり）

＊本作品ではコスモ刺繍糸を使用し、記載しているのはその色番号です。色名を参考に好きな糸で刺してください。
使用する糸の色は作品の写真も参照してください。わかりにくいものは部位を（　）内に記載しています。

＊ステッチは基本的にはabcの順で刺しますが、作品によってはどちらを先にしてもいいものもありますので、作業し
やすい順番で刺してください。

＊図案の輪郭を刺すランニング・ステッチ（p.44参照）、動物の毛並みを刺すストレート・ステッチ（p.41参照）は図案
には記載していません。

＊でき上がったワッペンには天地はありません。つけたいものに好きな角度でつけてください。

Lucky → p.6

Red ribbon
（赤いリボン）

a—サテンS／445（赤）、443（薄赤）／②

Dove
（白鳩）

a—ロングアンドショートS／364（白・体）、365（オフ白・翼の部分）／①
b—フレンチナッツS／154（薄グレー）／①
c—サテンS／2341（ピンク）／①

Horseshoe
（馬の蹄鉄）

a—ボタンホールS／154（薄グレー）／②
b—フレンチナッツS／155（グレー）／①

Swallow
（つばめ）

a—ロングアンドショートS／600（黒）、154（薄グレー）、364（白）／②
b—サテンS／600（黒）／①
c—サテンS／346（赤・顔）、600（黒・顔）、154（薄グレー・くちばし）／①
d—フレンチナッツS／154（薄グレー・目）／①

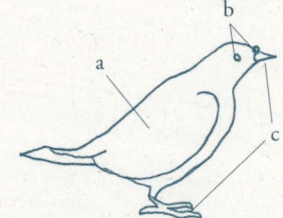

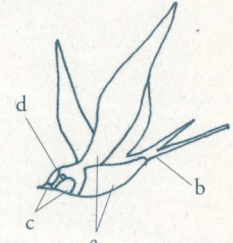

Hare
（野うさぎ）

a—ロングアンドショートS／307～310（茶の濃淡）／①
b—サテンS／2341（ピンク）／①
c—サテンS／310（茶）／①

Ladybug
（てんとう虫）

a—サテンS／346（赤）、600（黒）／①
b—フレンチナッツS／600（黒）／②

Four-leaf clover
（四つ葉のクローバー）

a—ロングアンドショートS／328、326、324（緑の濃淡・葉）／①
b—ストレートS／365（オフ白・葉のつや）／①
c—サテンS／328（緑）／①

Pig
（豚）

a—ロングアンドショートS／103A（薄ピンク・体）、461（肌色・奥側の足と耳）／①
b—サテンS／104（ピンク・手前側の耳、鼻）、461（肌色・目）／①
c—ストレートS／461（肌色・鼻の穴）／①
d—バックS／461（肌色）／①
e—ブリオンS／461（肌色）／②

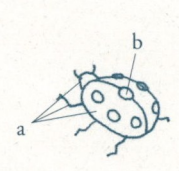
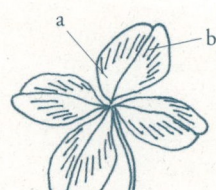

Spring → p.8

はくもくれん

a—白い布（ベース）
b—青い布（空）
c—サテンS／100（白・花）、310（茶・枝）／②
d—ボタンホールS／310（茶）／③

＊布を色分けする方法
1　ベースの白い布に図案を写し、裏に接着芯をはる。
2　色分けする部分の布（青い布）に図案（上に刺す部分のみ）を写し、布の裏に接着シートをはる。
3　2を図案のラインで切り取り、1にアイロンで接着する。
4　刺繍枠にはめて、図案の周囲dの外側と内側のラインをランニング・ステッチで刺してから、中心部（もくれんと枝）を刺繍し、最後にdの部分をボタンホール・ステッチで刺して仕上げる。

しろつめくさ

a—サテンS／328（緑）／②

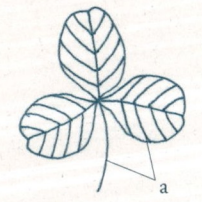

たんぽぽ

a—サテンS／119（緑・葉）、2117（薄緑・茎）／②
b—ペキニーズS／702（黄）／③
＊ペキニーズ・ステッチは外側から中心に向かってぐるぐると刺す。

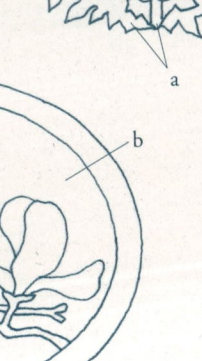

子やぎ

a—ロングアンドショートS／364（オフ白）／①
b—ロングアンドショートS／365（オフ白・奥側の足）／①
c—サテンS／462（ピンク）／①
d—サテンS／306（ベージュ）／①
e—フレンチナッツS／2317（緑）／①

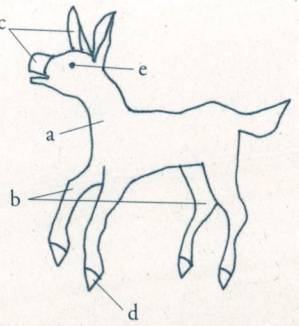

ひよこ

a—ロングアンドショートS／300（黄）／①
b—サテンS／462（ピンク）／①
c—フレンチナッツS／427（茶）／①

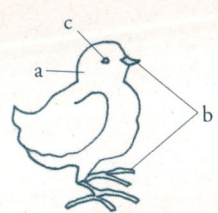

パンジー

a—ロングアンドショートS／700（薄黄）、283〜286（紫の濃淡）
＊写真を参照して、花びらをグラデーションで表現。
b—ストレートS／226（えんじ）／①
c—フレンチナッツS／702（黄）／②

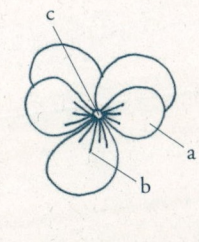

イースターエッグ

a—サテンS／754（朱赤）、700（薄黄）、751（薄ピンク）、252（水色）／②
b—フレンチナッツS／252（水色）、702（黄）／②

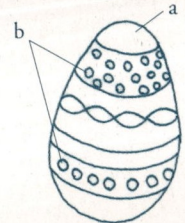

Summer → p.10

浮輪と船

a―青い布（ベース）
b―サテンS／413（青）／③
c―サテンS／155（グレー）／②
d―ボタンホールS／798（赤）、100（白）／③

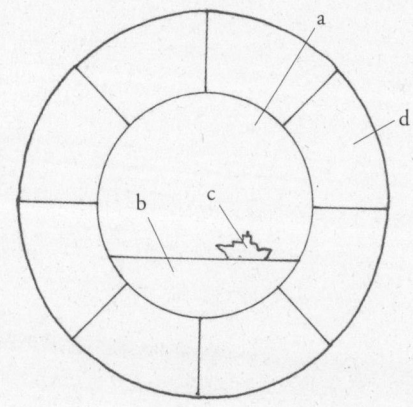

パラソル

a―サテンS／100（白）、2412
（青）、302（黄）／②

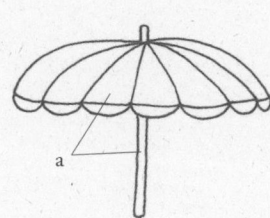

いかり

a―サテンS／168（紺）／②

かもめ

a―サテンS／100（白）、155（グ
レー）、2702（黄）／②
b―フレンチナッツS／155（グ
レー）／②

貝

a―サテンS／341（ピンク）／
②

ソフトクリーム

a―サテンS／100（白・アイス）、
2307（ベージュ・コーン）／②
b―コーチングS／307（薄ベー
ジュ・コーンの網目模様）／①

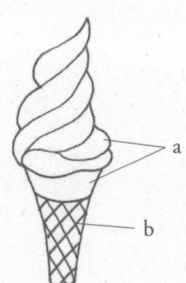

いるか

a―サテンS／413（青）、892（グ
レー）／②
b―フレンチナッツS／413
（青）／②

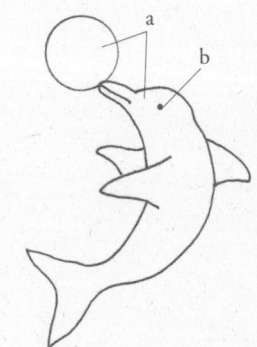

Autumn → p.12

栗

a―ベージュの布（ベース）
b―ロングアンドショートS／575（黄土色）／②
c―サテンS／578（茶・栗の濃い部分）、575（黄土色・栗の薄い部分）、635A（緑・葉）、2631（薄緑・葉の裏）／②
d―フレンチナッツS／578（茶）／①
e―ストレートS／578（茶・葉脈、栗のいが）／①
f―アウトラインS／578（茶）／②
g―ボタンホールS／635A（緑）／③

落ち葉

a―緑の布（ベース）
b―アウトラインS／636（緑）／②
c―ボタンホールS／636（緑）／③

鹿

a―ロングアンドショートS／575（黄土色）／②
b―サテンS／307（ベージュ・角）、312（茶・鼻、ひづめ）／②
c―フレンチナッツS／312（茶）／②
d―ストレートS／307（ベージュ）／②

コスモス

a―サテンS／854（ピンク・花びら）、702（黄・花心のベース）／②
b―フレンチナッツS／702（黄・花心の点）／②

きのこ

a―サテンS／2311（茶）、306（ベージュ）／②

楓

a―サテンS／2702（黄）／②

りす

a―サテンS／309（茶・体）、307（ベージュ・木の実）／②
b―フレンチナッツS／600（黒）／②
c―ペキニーズS／368（グレー）、366（薄グレー）／②
＊各色を1本ずつ合わせた2本どりで、外側から内側へ、ぐるぐる刺していく。

どんぐり

a―サテンS／634（緑・葉）、368（薄グレー・どんぐりの殻斗）、578（茶・どんぐり）／②
b―フレンチナッツS／369（グレー）／①

栗

鹿

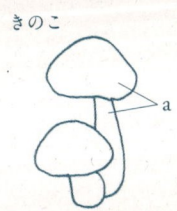

きのこ

落ち葉

コスモス

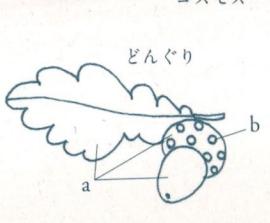

どんぐり

りす

楓

Winter →p.14

Xmas party

a—白い布（ベース）
b—ロングアンドショートS／120（緑）／②
c—サテンS／311（茶・木の幹）、981A（灰水色・植木鉢）、100（白・プレゼント）、701（薄黄・プレゼント）／②
d—ストレートS／345（赤・リボンの部分以下同）、311（茶）、981A（灰水色）、701（薄黄）／②
e—レゼーデージーS／345（赤・リボン結びの部分以下同）、701（薄黄）、981A（灰水色）／②
f—ストレートS／2702（黄・ツリーのトップの星）／②
g—アーミンS／100（白・ツリーの飾りの星）／①
h—アウトラインS／981A（灰水色・室内飾り）／②
i—フレンチナッツS／981A（灰水色）、345（赤）／②
j—ボタンホールS／981A（灰水色）／③

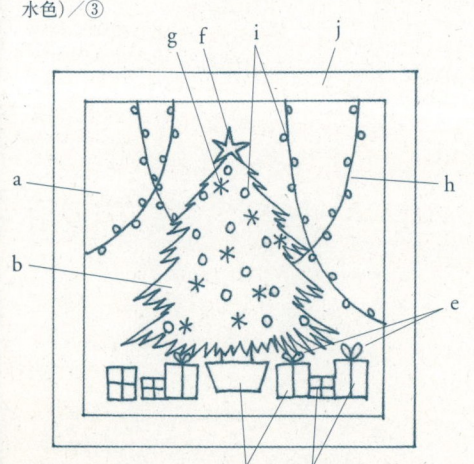

キャンデー

a—サテンS／307（ベージュ・棒）、364（オフ白）、701（黄）、344（赤）／②

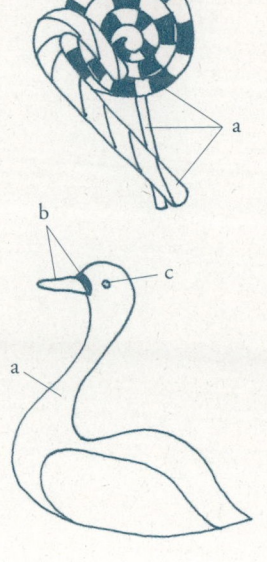

b—ロングアンドショートS／120（緑）／②

c—サテンS／311（茶・木の幹）

結晶

a—サテンS／981A（灰水色）／②

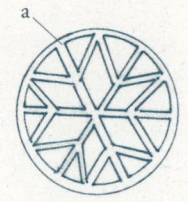

白鳥

a—ロングアンドショートS／151（オフ白）／②
b—サテンS／702（黄）、600（黒）／②
c—フレンチナッツS／600（黒）／①

プレゼント

a—サテンS／100（白・箱の上面）、151（オフ白・箱の側面）、345（濃い赤・リボン）、344（赤・リボンの内側）／②

柊

a—サテンS／120（緑）、344（赤）／②
b—フレンチナッツS／312（こげ茶）／②

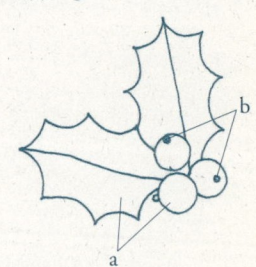

スケート靴

a—サテンS／345（赤）、983（灰青）、981A（灰水色）、311（茶）、154（グレー）／②
b—ブリオンS／345（赤）／②
c—フレンチナッツS／311（茶）／②

53

Bird → p.16

きじばと

a—ロングアンドショートS／
153A（グレー）、383（ベージュ）
／①
b—サテンS／153A（グレー・
くちばし）、464（ピンク・足）
／①
c—ストレートS／153A（グレ
ー）、385（濃いベージュ）／①
d—フレンチナッツS／385（濃
いベージュ）／①

しじゅうから

a—ロングアンドショートS／
117（緑）、164（水色）、169（紺）、
100（白）／①
b—サテンS／600（黒）／①
c—フレンチナッツS／600
（黒）／①

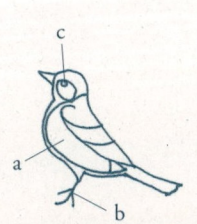

じょうびたき

a—ロングアンドショートS／
600（黒）、100（白）、427（茶）、
405（オレンジ）／①
b—サテンS／600（黒）／①
c—フレンチナッツS／100
（白）／①

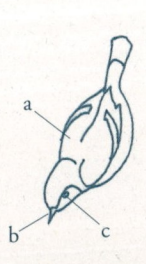

おなが

a—ロングアンドショートS
／600（黒）、153A（グレー）、
164（水色）、151（オフ白）／①
b—サテンS／600（黒・くちば
し、足）／①
c—フレンチナッツS／153A
（グレー）／①

ひよどり

a—ロングアンドショートS／
155（グレー）、153A（薄グレ
ー）、425（ベージュ）／②
＊翼と尾の部分は155と153A
を1本ずつ合わせた2本どり。
b—サテンS／155（グレー）／
①
c—フレンチナッツS／155（グ
レー）／①

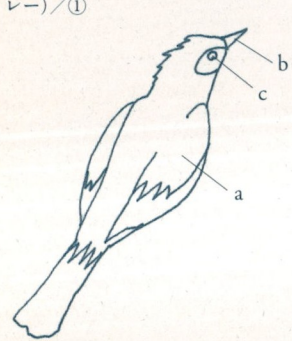

めじろ

a—ロングアンドショートS／
325A（黄緑）、702（黄）、100（白）
／①
b—サテンS／600（黒）／①
c—フレンチナッツS／600
（黒）／①

はくせきれい

a—ロングアンドショートS／
600（黒）、100（白）、155（グ
レー）／①
b—サテンS／600（黒・くちば
し）、155（グレー・足）／①
c—フレンチナッツS／155（グ
レー）／①

すずめ

a—ロングアンドショートS／
312、427、425、423（茶の濃淡）
／①
b—サテンS／312（茶）／①
c—フレンチナッツS／312
（茶）／①

Insect → p.18

てんとう虫

a—サテンS／346（赤）、600
（黒）／①
b—フレンチナッツS／600
（黒）／①

かなぶん

a—サテンS／336（緑）、369
（茶）／②

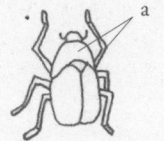

ばった

a—サテンS／309（茶・目）、
2307（ベージュ・羽根、触覚）、
325A（黄緑・足）、324（薄黄緑・
頭、胸、腹）／①
b—バックS／309（茶・顔から
胸の模様）／①
c—ストレートS／309（茶・羽
脈）、325A（黄緑・腹部の模様）
／①

とんぼ

a—サテンS／211（薄水色・羽
根）、405（オレンジ・体）／②
b—サテンS／310（茶）／①
c—バックS／310（茶）／①
d—ストレートS／374（水色）
／①
e—フレンチナッツS／310（茶）
／①

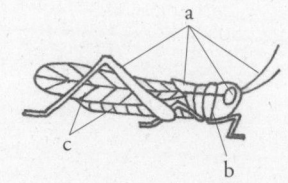

かたつむり

a—サテンS／308（茶・殻）、
307（ベージュ・体）／②
b—バックS／369（濃い茶）／
①

みつばち

a—サテンS／211（薄水色・羽
根）、700（薄黄・胸）、312（茶・
触覚、頭、腹、足）、702（黄・腹）
／①
b—フレンチナッツS／702
（黄）／①

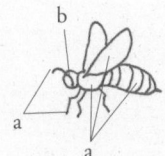

青虫

a—ボタンホールS／327（緑）
／②

First name → p.22

桃ちゃん

a—ロングアンドショートS／
342（ピンク）、343（濃いピンク）
／②
b—サテンS／117（緑・葉）、
119（濃い緑・葉）、310（茶・へた）
／②
c—ストレートS／310（茶）／
①

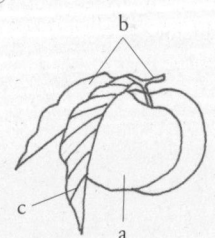

花ちゃん

a—ロングアンドショートS／
145、146、147（淡→濃いオレ
ンジ）／②
b—サテンS／328（緑）／②

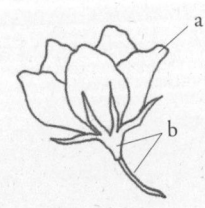

健一くん

a—サテンS／274（緑）／②
b—ストレートS／100（白）／
①

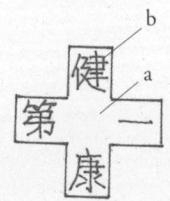

大くん

a—ロングアンドショートS／
346（赤）、2343（ピンク）／②
b—サテンS／312（茶）／②
c—バックS／312（茶）／②
d—ブリオンS／327（緑）／②

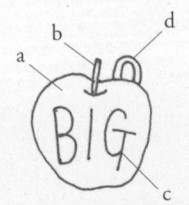

雪ちゃん

a—サテンS／600（黒）／②

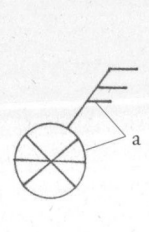

一馬くん

a—ロングアンドショートS／
308（薄茶）／②
b—サテンS／310（茶）／②
c—サテンS／100（白）、344
（赤）／②
d—フレンチナッツS／310
（茶）／①

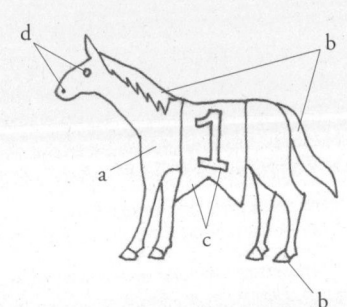

光くん

a—ロングアンドショートS／
700（薄黄）／②
b—ストレートS／153A（薄グ
レー）／①
c—ブリオンS／301（黄・フィ
ラメント）、154（グレー・ソケ
ット）／②

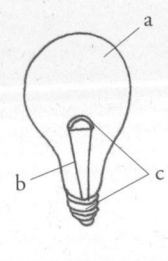

Last name →p.23

田中さん

a—青い布
b—赤い布
c—黄色い布
d—サテンS／600（黒）／③
＊ベースの布（白）にa、b、cの布（裏に接着シートをはる）を接着し、その上から刺繍をする。

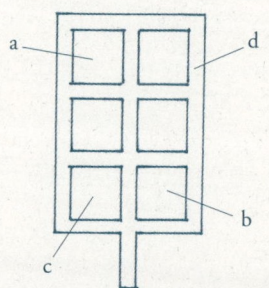

後藤さん

a—ロングアンドショートS／113（ピンク）／②
b—サテンS／712（薄グレー・ポール、ポールの台側面）、100（白・ポールの先、台の上面）／②
c—バックS／154（濃いグレー）／②

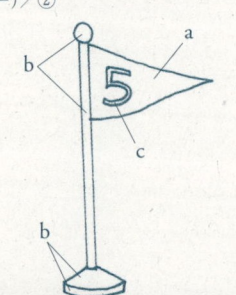

星野さん

a—サテンS／702（黄・星）、700（薄黄・リボン）、364（オフ白・リボンの内側）／②

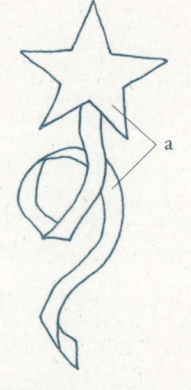

佐藤さん

a—サテンS／100（白）／②
b—ストレートS／600（黒）／①
c—フレンチナッツS／600（黒）／①
＊蟻の部分は下の図案参照。

赤星さん

a—サテンS／838（赤）／②

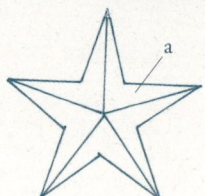

斎藤さん

a—サテンS／364（オフ白・さいころの正面）、151（オフ白・側面）、100（白・上面）／②
b—フレンチナッツS／345（赤）、600（黒）／②

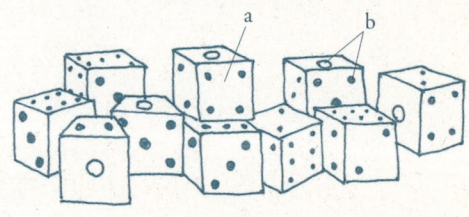

森さん

a—サテンS／334（淡い緑・右下の木）、335（緑・上の木）、337（濃い緑・左下の木）／②

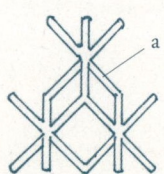

松井さん

a—サテンS／633（緑・松葉）、2311（茶・松葉のがく）／②

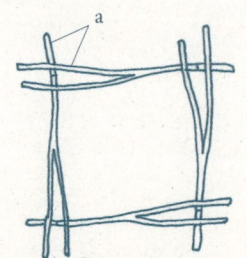

青木さん

a—サテンS／164（青・葉の部分）、167（濃い青・幹）／③

Trademark → p.24

ステッキ

a—サテンS／311（茶）／②

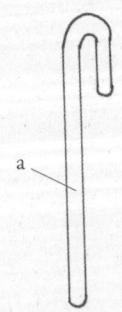

ハイヒール

a—サテンS／600（黒・靴）、206（ピンク・靴の中）／②

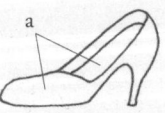

ひげ

a—サテンS／307（肌色・鼻、唇）、600（黒・ひげ）／②
b—ストレートS／600（黒・歯のすきま）／②

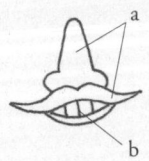

たばこ

a—サテンS／2151（グレー・煙）、404（オレンジ・たばこの先）、100（白）、574（ベージュ）／②

ハート

a—サテンS／206（ピンク）／②

ボーダー

a—サテンS／345（赤）、100（白）、890（薄グレー・衿もとの裏）／②

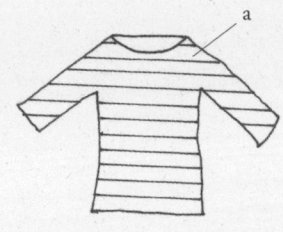

ポニーテール

a—サテンS／600（黒）／③

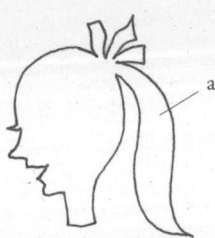

ベレー帽

a—サテンＳ／225（えんじ）／②
b—ブリオンＳ／225（えんじ）／②

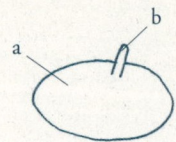

革靴

a—サテンＳ／578（濃い茶）／②
b—サテンＳ／308（茶）／②
c—サテンＳ／2307（薄茶）／②
d—ブリオンＳ／578（濃い茶）／②
e—フレンチナッツＳ／578（濃い茶）／②
f—アウトラインＳ／578（濃い茶）／②

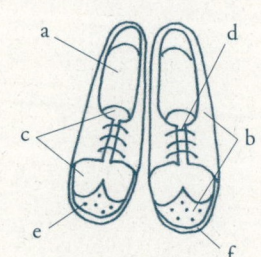

デニム

a—サテンＳ／167（紺）／②
b—ランニングＳ／574（黄土色）／①
c—ブリオンＳ／167（紺）／②
d—フレンチナッツＳ／131（茶）／②

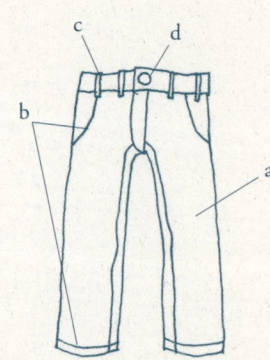

めがね

a—サテンＳ／600（黒）／②

肖像画

a—えんじの布（ベース）
b—サテンＳ／155（グレー・帽子のベース、上着）、151（薄グレー・シャツ）、307（肌色・顔）、600（黒・帽子のリボン、蝶ネクタイ、ひげ、髪）／②
c—バックＳ／600（黒）／①
d—ブリオンＳ／307（肌色）／②
e—フレンチナッツＳ／600（黒）／①
f—ボタンホールＳ／576（茶）／③

Fruit → p.26

→ p.26

＊各図案の外側から幅3mmの丸枠をとり、フルーツの刺繍をしたあと、枠の部分をボタンホール・ステッチで仕上げる。

オレンジ

a—ロングアンドショートS／146（オレンジ）／①
b—サテンS／327（緑）／①
c—アウトラインS／327（緑）／①
d—フレンチナッツS／144A（黄）／①
＊外枠—ボタンホールS／144A（黄）／②

いちご

a—ロングアンドショートS／346（赤）／①
b—サテンS／327（緑）／①
c—フレンチナッツS／144A（黄）／①
＊外枠—ボタンホールS／327（緑）／②

洋梨

a—ロングアンドショートS／324（黄緑）／①
b—サテンS／310（茶）／①
c—フレンチナッツS／307（ベージュ）／①
＊外枠—ボタンホールS／307（ベージュ）／②

パイナップル

a—サテンS／702（黄）、327（緑）／①
b—ストレートS／310（茶）／①
＊外枠—ボタンホールS／702（黄）／②

ぶどう

a—サテンS／285（濃い紫）、282（薄紫）、310（茶・へた）／①
＊外枠—ボタンホールS／282（薄紫）／②

バナナ

a—サテンS／300（薄黄・正面）、301（黄・側面）／①
b—ストレートS／310（茶）／①
＊外枠—ボタンホールS／310（茶）／②

すいか

a—ロングアンドショートS／855（赤）、365（白・皮に近い部分）、116（薄緑・皮にいちばん近い部分）／①
b—アウトラインS／327（緑・外皮）／①
c—フレンチナッツS／312（茶）／①
＊外枠—ボタンホールS／344（赤）／②

りんご

a—ロングアンドショートS／345（濃い赤・実の上半分）、344（赤・実の下半分）／①
b—アウトラインS／310（茶）／①
＊外枠—ボタンホールS／854（赤）／②

さくらんぼ

a—ロングアンドショートS／758（赤）、144（黄）／①
b—アウトラインS／324（黄緑）／①
＊外枠—ボタンホールS／324（黄緑）／②

パイナップル

オレンジ
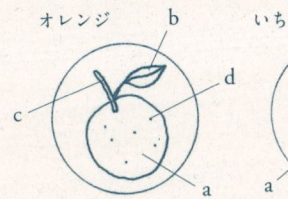

いちご
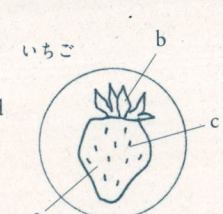

洋梨
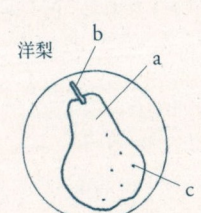

ぶどう
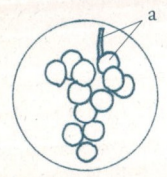

すいか
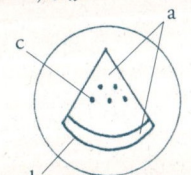

りんご
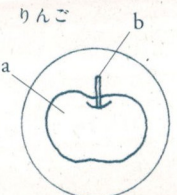

さくらんぼ
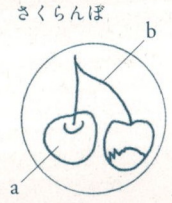

バナナ
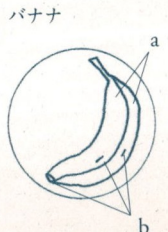

Rose → p.20

＊写真を参照して、グラデーションをつけて刺繍する。花びらどうしが同じ色で境目がわからないところは、境目を花びらより少し濃い色の糸でアウトライン・ステッチ（2本どり）。

＊図案は大きなバラのもの。小さなバラは、図案を70％縮小して使用する。作品では小さなバラの糸はバラ1、2は833、835、836（淡→濃いピンク）、バラ3、4は833、835（淡→濃いピンク）、葉は325A（緑）を使用している。

バラ1

a—サテンＳ／832、834、835（淡→濃いピンク）／②

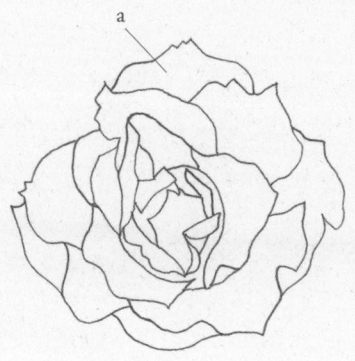

バラ2

a—サテンＳ／832、834、835（淡→濃いピンク）／②
b—サテンＳ／325A（緑）／②

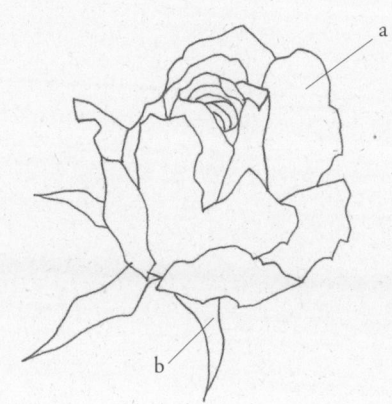

バラ3、4

a—サテンＳ／832、834（淡→濃いピンク）／②
b—サテンＳ／325A（緑）／②

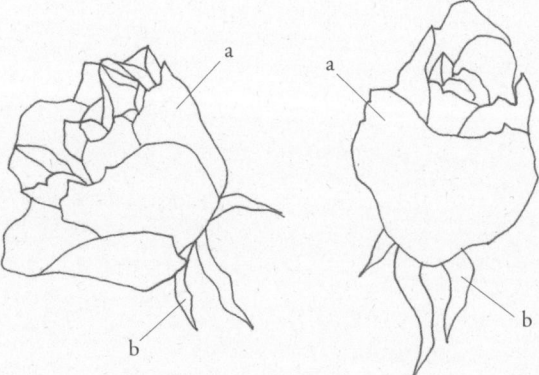

Bread → p.28

Good morning

a—オフ白の布（ベース）
b—サテンS／308（茶）／②
c—バックS／308（茶・女の子
の手、服、パン、テーブル、カ
ップ、皿、文字）／①
d—ストレートS／308（茶・眉
と鼻）／①
e—フレンチナッツS／308
（茶）／①
f—ボタンホールS／308（茶）
／③

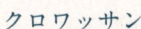

あんパン

a—サテンS／309（茶）／②
b—フレンチナッツS／305（ベ
ージュ）／①

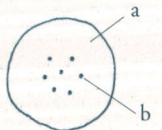

プレッツェル

a—サテンS／309（茶）／②
b—フレンチナッツS／305（ベ
ージュ）／①

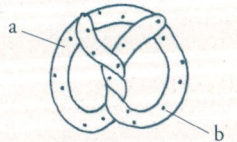

チョココロネ

a—サテンS／308（茶・パン）、
310（濃い茶・チョコ）／②

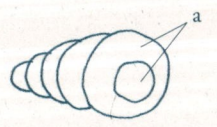

ブリオッシュ

a—ロングアンドショートS／
309（茶）、308（薄茶）／②
＊上から下へ焼き色のグラデー
ションが出るように刺す。
b—サテンS／309（茶・上部）、
307（ベージュ・下部）／②

クロワッサン

a—ロングアンドショートS／
309（茶）、2307（茶）／②
＊309と2307を1本ずつ合わ
せた2本どりで刺す。

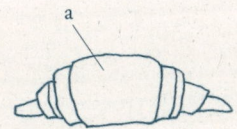

イギリスパン

a—サテンS／309（茶・耳）、
1000（オフ白・白い部分）／②

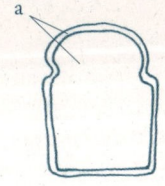

バゲット

a—サテンS／2307（茶）／②
b—ストレートS／307（ベージ
ュ）／②

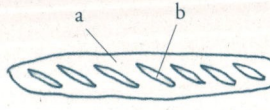

ドーナッツ

a—サテンS／309（茶）、307（ベ
ージュ）／②

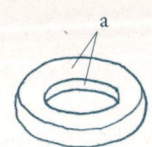

Daily → p.29

コーヒー

a—サテンS／406（オレンジ・カップ）、310（茶・コーヒー）、365（オフ白・カップの内側）、100（白・湯気）／②

おやつ

a—サテンS／1000（オフ白・あめ包装紙）／②
b—サテンS／2307（薄茶）／②
c—バックS／406（赤・包装紙の柄）／②
d—フレンチナッツS／310（茶）／①

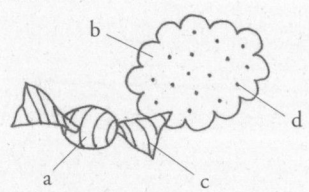

牛乳

a—サテンS／100（白）、254（青）、2151（グレー・上部の三角の部分）／②
b—ストレートS／100（白・MILKの文字）、254（青・側面）／①
c—バックS／254（青）／①

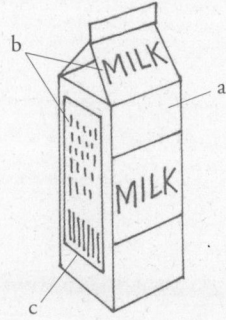

マルシェバッグ

a—サテンS／309、2307、306（茶の濃淡）／③
＊3色を1本ずつ合わせた3本どり。
b—サテンS／2129（れんが茶）／②
c—フレンチナッツS／152A（グレー）／①

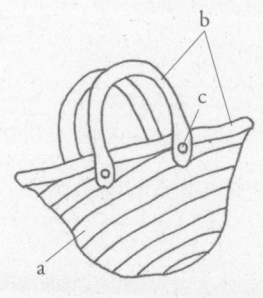

グラス

a—サテンS／100（白）／②

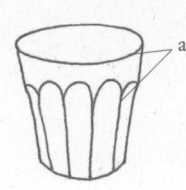

歯みがき

a—サテンS／100（白・歯みがき粉本体）、254（青・歯ブラシの柄）、344（赤・歯みがき粉のキャップとラベル）／②
b—ブリオンS／100（白・歯ブラシのブラシ）／②
c—ストレートS／100（白）／①

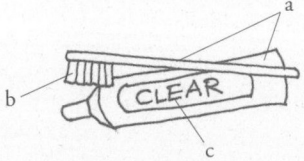

スプーン

a—サテンS／153A（グレー）／②

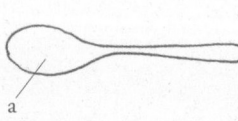

アイロン

a—サテンS／374（水色）、2151（薄グレー）、154（グレー）、600（黒）、146（オレンジ）／②

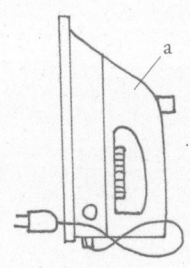

黒猫

a—サテンS／600（黒）／③
b—サテンS／600（黒）／②

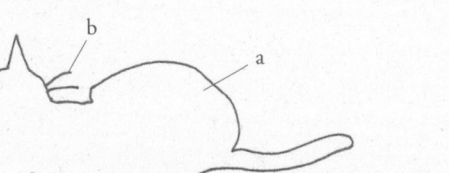

Stationery → p.30

クリップ

a—サテンS／894（グレー）／②

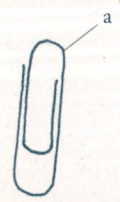

色鉛筆

a—サテンS／151（オフ白）／③
b—サテンS／307（ベージュ・削った軸）、413（青）、345（赤）、273（緑）、427（茶）、302（黄）、284（紫）、354（ピンク）／②

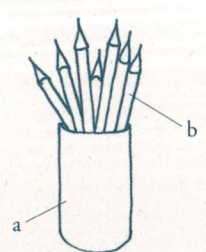

地球儀

a—サテンS／411（水色）、413（青）、272（緑）／③
b—サテンS／893（グレー）／②

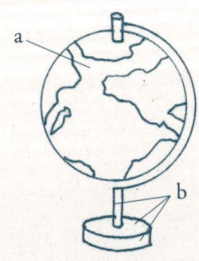

消しゴム

a—サテンS／100（白・ラベル）、600（黒・ラベル）、215（青・ラベル）、151（オフ白・消しゴム）／②
b—ストレートS／600（黒）／①

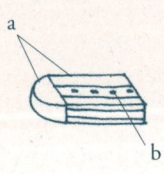

定規

a—サテンS／300（黄）、298（薄黄）、213（水色）／②
b—ストレートS／154（グレー）／①

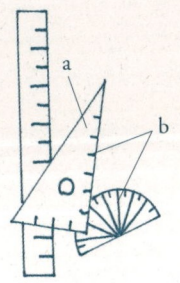

ノート

a—サテンS／152A（グレー）、600（黒）、572（ベージュ）／②
b—コーチングS／600（黒）／①
c—ストレートS／600（黒）／①

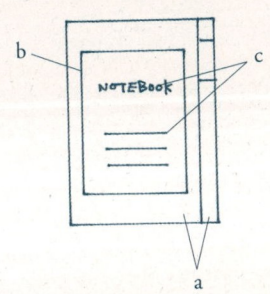

インク

a—サテンS／365（オフ白・羽根ペン）、
168（紺・インク瓶）、155（グレー・ふた
の上面）、700（薄黄・瓶のラベル）、600（黒・
ふたの側面）／②
b—ストレートS／600（黒）／①

はさみ

a—サテンS／345（赤）、152A（グレー・
刃の上部）、154（濃いグレー・刃の下部）
／②
b—フレンチナッツS／154（濃いグレー）
／①

手紙

a—サテンS／100（白）／③
b—ストレートS／600（黒）／①

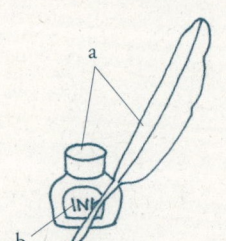

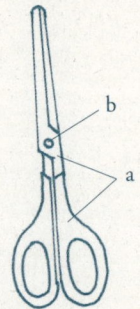

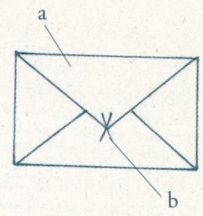

切手

a—青い布（ベース）
b—ロングアンドショートS／2412（水
色）、413（濃い水色・奥側の翼）／②
c—サテンS／154（グレー・数字、くちば
し）、100（白・封筒）／②
d—ボタンホールS／100（白）／③
e—フレンチナッツS／154（グレー）／②

茶封筒

a—サテンS／2307（ベージュ）／③
b—サテンS／187（れんが）／②
c—バックS／100（白）／①
d—フレンチナッツS／100（白）／①

鉛筆とペン

a—サテンS／600（黒）、573（ベージュ）、
326（緑）、345（赤）／②
b—ストレートS／600（黒）／①

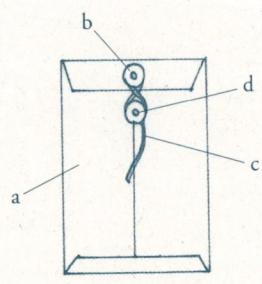

Sport → p.32

ゴールテープ

a―サテンS／145（オレンジ）、146（濃いオレンジ・テープの裏）／③
b―バックS／155（グレー）／①

テニス

a―サテンS／574（ベージュ・ラケット）、2129（茶・グリップ）、300（黄・ボール）／②
b―バックS／152A（グレー・ガット）、100（白・ボールの縫い目）／①

チアガール

a―サテンS／312（茶）、345（赤）、306（肌色）、100（白）、153A（グレー）／②
b―ペキニーズS／300（黄色）／②
＊ペキニーズ・ステッチは外側から内側へぐるぐる刺す。
c―レゼーデージーS／345（赤）／①
d―ストレートS／345（赤・リボン）、312（茶・鼻、口）／①
e―ストレートS／100（白）／①
f―フレンチナッツS／312（茶）／①

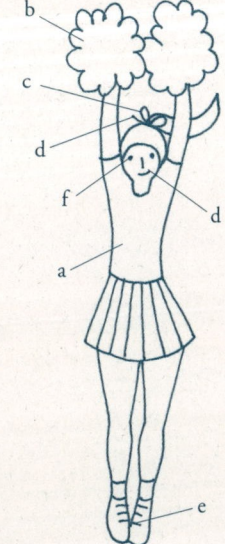

ラグビー

a―サテンS／2129（茶）／③
b―ランニングS／100（白）／①
c―ブリオンS／100（白）／②

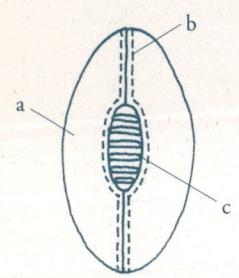

スニーカー

a―サテンS／155（濃いグレー）、154（グレー）、100（白・履き口部分）、712（ベージュ・履き口内側）／②
b―ストレートS／712（ベージュ）／③
c―ボタンホールS／145（オレンジ）／②
d―バックS／155（濃いグレー）／②
e―アウトラインS／344（赤）、100（白）／①
f―コーチングS／712（ベージュ）／③
＊f（靴ひもの結んだ部分）は他の部分を刺繍したあと、最後に刺す。

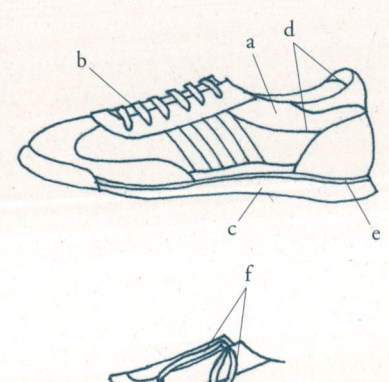

サッカー

a—サテンS／600（黒）、2307（肌色）、
2563（水色）、301（黄）、100（白）／②
b—フレンチナッツS／600（黒）／①
c—ストレートS／600（黒・眉毛、鼻、口）
／①
d—コーチングS／600（黒）／①

ボウリング

a—サテンS／100（白）、344（赤）、600（黒）
／③
b—ストレートS／168（紺）／①
c—フレンチナッツS／151（薄グレー）／
③

ゴルフ

a—サテンS／100（白）、272（緑）、154（濃
いグレー）、152A（グレー）、168（紺）／②
b—ストレートS／151（淡いグレー）／①
c—フレンチナッツS／151（淡いグレー）
／③

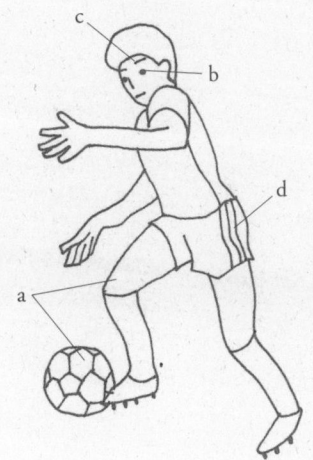

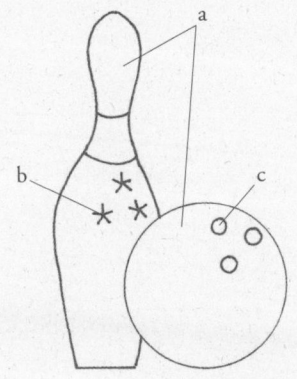

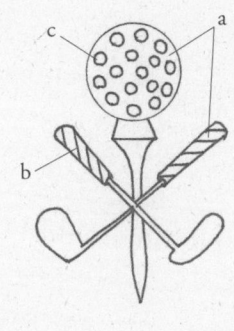

水泳

a—サテンS／2307（肌色）／③
b—サテンS／301（黄・帽子）、600（黒・
めがね）、2307（肌色・指）／②
c—フレンチナッツS／600（黒）／①

Camp → p.34

ペナント

a—青い布（ベース）
b—黄色の布（木の部分）
c—サテンS／701（薄黄）、705A（黄土色）、822（薄カーキ）、826（カーキ）／③
d—バックS／310（茶）／②
e—ボタンホールS／2702（黄）／③
＊ベースの布（青）に図案どおり（木の部分）切った黄色の布（裏に接着シートをはる）を接着し、その上から刺繍をする。

帽子

a—サテンS／924（カーキ）、310（茶）／②
b—バックS／310（茶）／①
c—フレンチナッツS／310（茶）／②

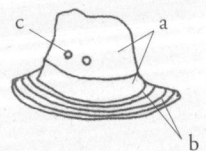

オカリナ

a—サテンS／981A（灰青）／②
b—フレンチナッツS／155（グレー）／②

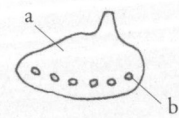

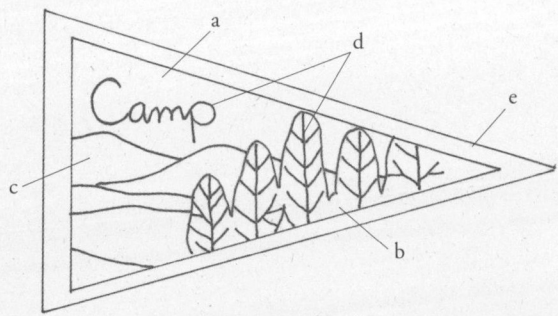

コッヘル

a—サテンS／153A（グレー）／②

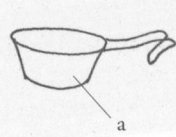

ランタン

a—サテンS／344（赤）、700（薄黄）、702（黄）、153A（薄グレー）、2154（グレー・ガス栓バルブ）／②
b—アウトラインS／153A（薄グレー）／②

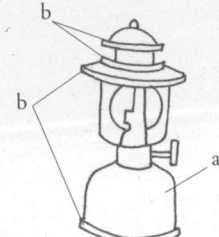

リュックサック

a—サテンS／2702（黄）、701（薄黄）／②
b—ストレートS／310（茶）／①
c—ランニングS／2702（黄）／①
d—フレンチナッツS／310（茶）／①

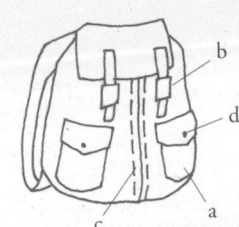

テント

a—サテンS／703（黄）／③

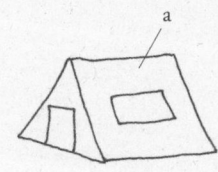

あかげら

a—ロングアンドショートS／600（黒）、
100（白）、344（赤）／②
b—サテンS／893（グレー）／②
c—フレンチナッツS／600（黒）／①

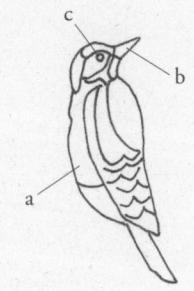

マシュマロ焼き

a—サテンS／310（茶）、100（白）／②

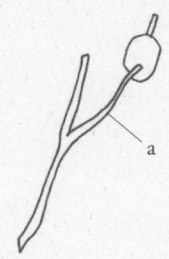

ダッチオーブン

a—サテンS／895（黒・鍋、ふた）、893（グ
レー・持ち手）／②
b—アウトラインS／2154（グレー）／②
c—ブリオンS／2154（グレー）／②

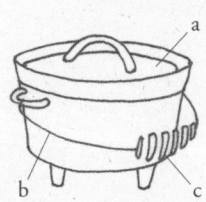

スキレット

a—サテンS／895（黒）、100（白）、702（黄）
／②

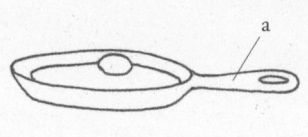

Vacation → p.36

Big rainbow

a—白い布（ベース）
b—アウトラインS／上から順に838（赤）、
145（オレンジ）、302（黄）、271（黄緑）、
274（緑）、2412（水色）、2262（紫）／③
c—バックS／100（白）／①
d—ボタンホールS／100（白）／③

レイ

a—サテンS／297（薄黄）／②
b—ペキニーズS／300（黄）／②
＊花のベースをaで刺したあと、その上から花の中心部分をbのペキニーズ・ステッチで2、3針刺す。

ビキニ

a—サテンS／836（ピンク）／②

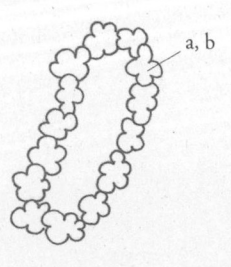

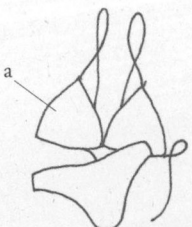

アイマスク

a—サテンS／335（エメラルドグリーン）、
114（ピンク）／②
b—バックS／114（ピンク）／①

ビーチサンダル

a—サテンS／144A（薄オレンジ）、146（オレンジ）／②

バッグ

a—ロングアンドショートS／574（ベージュ）、575（濃いベージュ）／②
＊574と575を1本ずつの2本どり。
b—サテンS／272（緑）／②
c—アウトラインS／152A（グレー）／②
d—ブリオンS／152A（グレー）／①
e—フレンチナッツS／152A（グレー）／①

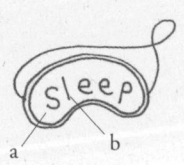

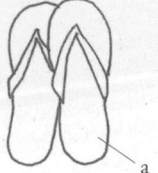

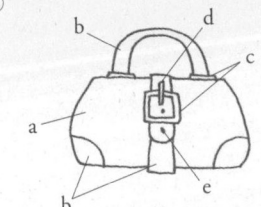

フラダンサー人形

a—サテンS／2311（茶）、574（肌色）、838（赤）、337（緑）、305（ベージュ・台座）／②
b—ペキニーズS／302（黄）／②
c—フレンチナッツS／302（黄）／①
d—ストレートS／334（薄緑）／①

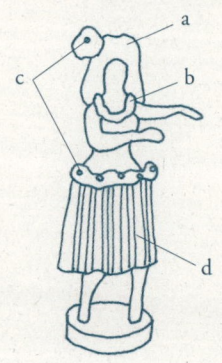

スノードーム

a—サテンS／2412（青）、574（ベージュ）、100（白）、578（茶）／②
b—バックS／337（緑）／③
c—ストレートS／100（白・雪）、757（赤）／①

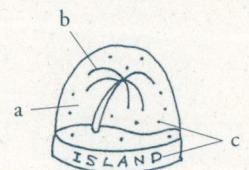

ハイビスカス

a—ロングアンドショートS／838（赤）／②
b—サテンS／702（黄）／②

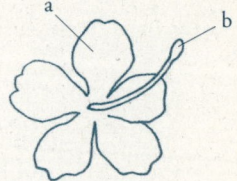

フラッペ

a—ロングアンドショートS／2412（水色）、411（薄水色）／②
b—サテンS／143（薄オレンジ）、145（オレンジ）、100（白）／②
c—コーチングS／758（赤）／①
d—ストレートS／300（黄）／①

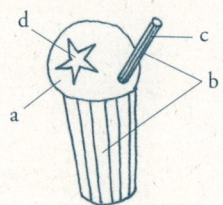

飛行機

a—サテンS／2412（水色）、413（青）、302（黄）、152A（薄グレー）、154（グレー）／②
b—ランニングS／154（グレー）／②

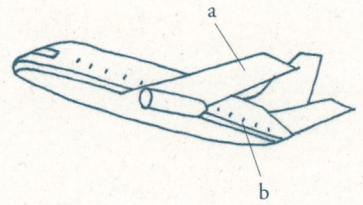

Circus → p.38

Circus 2010

a—白い布（ベース）
b—サテンS／838（赤）、100（白）、524（水色）、153A（グレー）、307（ベージュ・木箱）、2702（黄・旗の棒）／③
c—アウトラインS／2702（黄・ロープ）、838（赤・文字）、524（水色・文字）／②
d—バックS／153A（グレー）／①
e—サテンS／600（黒）／②
f—ボタンホールS／838（赤）／③

熊の玉乗り

a—ロングアンドショートS／2311（濃い茶）、310（茶・腹）／②
b—サテンS／838（赤）、526（青）、100（白）／②
c—サテンS／600（黒）／①
d—フレンチナッツS／600（黒）／①

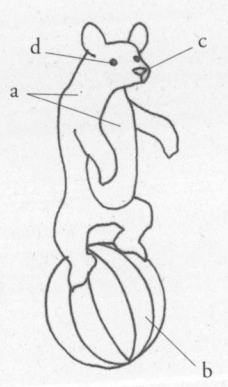

ドラム

a—サテンS／522（水色）、100（白）、526（青）／②
b—フレンチナッツS／2702（黄）／②
c—コーチングS／838（赤）／②

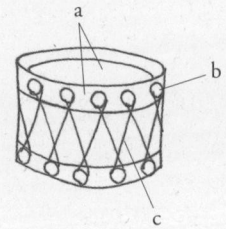

ピエロ

a—サテンS／526（青・帽子と靴）、838（赤・髪と鼻、ズボン）、100（白／顔と手袋）、302（黄・シャツ）、522（水色・衿）／②
b—ストレートS／526（青）／①
c—フレンチナッツS／526（青）／②

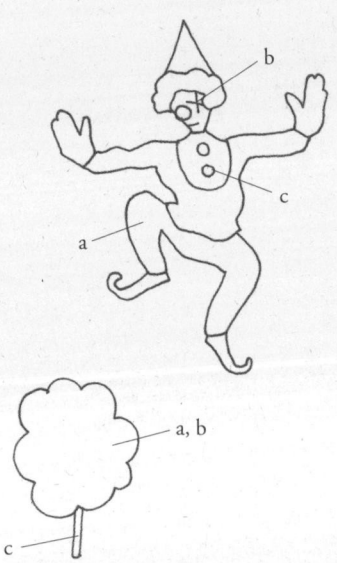

わたあめ

a—サテンS／833（ピンク）／③
b—ペキニーズS／833（ピンク）／③
＊aの上にペキニーズ・ステッチを外側から内側に向かってぐるぐる刺す。
c—サテンS／2307（茶）／②

ラッパ

a―サテンS／576（茶）、577（濃い茶・ラッパの中）／②

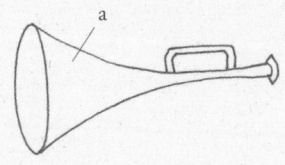

ポップコーン

a―サテンS／1000（オフ白）／③
b―サテンS／838（赤）、100（白）／②
c―フレンチナッツS／1000（オフ白）／②
d―バックS／838（赤）／②

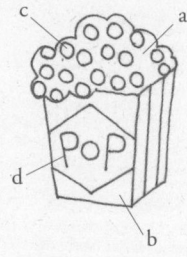

ライオンの火の輪くぐり

a―ロングアンドショートS／576（茶・たてがみ、しっぽ）、574（薄茶）／②
b―サテンS／576（茶）／①
c―フレンチナッツS／600（黒）／①
d―サテンS／155（グレー）／②
e―ブリオンS／404（オレンジ）／②

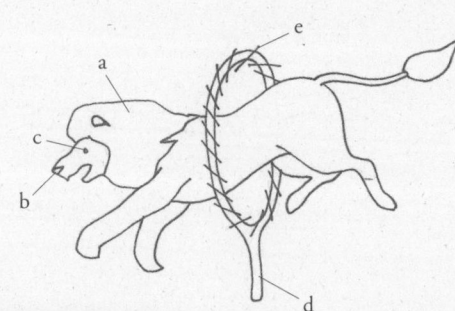

象の曲芸

a―ロングアンドショートS／153A（グレー・象の顔、胴体）／③
b―サテンS／153A（グレー・象の耳、鼻、足、しっぽ）／③
c―サテンS／100（白・象の牙、台）、838（赤・台）／②
d―フレンチナッツS／600（黒）／②

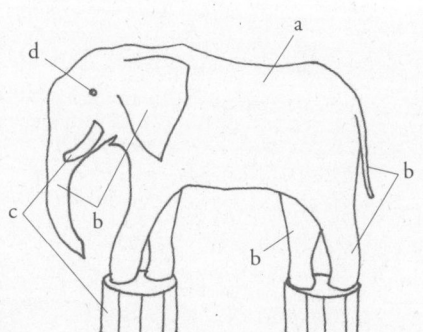

人馬の曲芸

a―サテンS／301（黄）、404（オレンジ）、306（肌色）、309（茶）、2151（薄グレー）、154（グレー）／②
b―ストレートS／301（黄）／②
c―ストレートS／600（黒・目、鼻）／①
d―フレンチナッツS／600（黒）／①

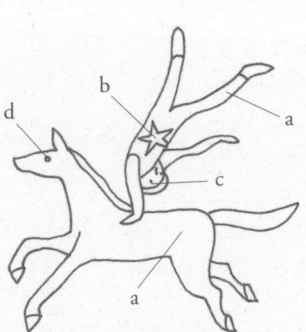

風船

a―サテンS／526（青）、405（オレンジ）／③
b―サテンS／154（グレー）／②

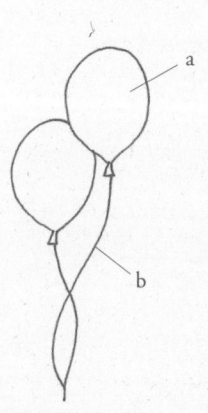

ブックデザイン____ 葉田いづみ
撮影_____ 馬場わかな
モデル_____ 塚元 恵、森 栗之介
デジタルトレース__ しかのるーむ
校閲_____ 山脇節子
編集_____ 小山内真紀
_____ 田中 薫（文化出版局）

［材料提供］
刺繍糸
ルシアン お客様センター　フリーダイヤル 0120-817-125
http://www.lecien.co.jp/embroidery/index.html

熱接着両面シート
クロバー　電話 06-6978-2277
http://www.clover.co.jp/product.shtml

uiの刺繍ワッペン

発行　2010年11月21日　第1刷

著 者　中林うい
発行者　大沼 淳
発行所　学校法人 文化学園 文化出版局
　　　　〒151-8524　東京都渋谷区代々木3-22-7
　　　　電話 03-3299-2485（編集）
　　　　　　 03-3299-2540（営業）
印刷・製本所　株式会社文化カラー印刷

お近くに書店がない場合、読者専用注文センターへ
フリーダイヤル 0120-463-464
ホームページ http://books.bunka.ac.jp/